ldi Cyntaf

THIS ITEM IS ON SPECIAL LOAN AS A SAMPLE OF WHAT IS AVAILABLE FROM MERTHYR TYDFIL PUBLIC LIBRARY SERVICE.

Whatever you need we can help – with books, audio books, free Internet access, information and much more. Even if you don't live near a branch library you can get access to the full lending collection from our mobile library service – stopping at a street near you!

It's easy to join – you only need to prove who you are.

Look at our website www.libraries.merthyr.gov.uk

MAE'R EITEM HON AR FENTHYCIAD ARBENNIG FEL SAMPL O'R HYN AR GAEL GAN WASANAETH LLYFRGELLOEDD CYHOEDDUS MERTHYR TUDFUL.

Beth bynnag ydych chi angen, fe allwn ni helpu – llyfrau ar dap, mynediad am ddim i'r Rhyngrwyd, gwybodaeth a llaw-er mwy. Os nad ydych chi'n byw wrth ynyl cangen o'r llyfrgell, fe allech chi gael mynediad at y casgliad llawn sydd ar gael I'w fenthyg trwy ein gwasanaeth llyfrgell symudol – sy'n dod I stryd gyfagos i chi!

Mae'n hawdd ymuno – does dim ond eisiau I chi brofi pwy ydych chi.

Edrychwch ar-lein ar www.libraries.merthyr.gov.uk

Argraffiad cyntaf: Medi 2006

Rhif Llyfr Safonol Rhyngwladol: 1-84527-055-X
Llun clawr blaen: Kay Widdowson
Cynllun clawr: Cyngor Llyfrau Cymru

Lluniau tu mewn: Anthony Evans tt. 18-19, 34-35, 48-49, 58-59
Chris Glynn tt 6-7, 16-17, 28-29, 42-43, 62-63
Ruth Jên tt 12-13, 26-27, 40-41, 50-51, 56-57
Sue Morgan tt 10-11, 20-21, 64
Siôn Morris tt 14-15, 24-25, 30-31, 36-37, 44-45, 54-55
Kay Widdowson tt 8-9, 22-23, 32-33, 38-39, 46-47, 52-53, 60-61

Cyhoeddwyd gan Wasg Carreg Gwalch,
12 Iard yr Orsaf, Llanrwst, Dyffryn Conwy LL26 0EH.
Ffôn: 01492 642031
Ffacs: 01492 641502
e-bost: llyfrau@carreg-gwalch.co.uk
lle ar y we: www.carreg-gwalch.co.uk

Argraffwyd yng Ngwlad Belg
gan Proost NV

Cerddi Cyntaf

Myrddin ap Dafydd

CYNNWYS

Fel jel

Does dim byd,
medd Jim Rhyd,
fel jel.

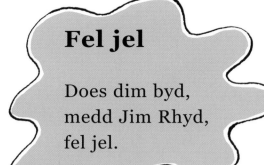

Fel jel
yn y gwallt yn siarc danheddog.

Fel jel
yn y gwallt yn binnau draenog.

Fel jel
yn y gwallt yn bishyn ceiniog.

Fel jel
yn y gwallt yn darw corniog.

Fel jel
yn y gwallt yn het daironglog.

Fel jel
yn y gwallt yn grib y ceiliog.

Fel jel
yn y gwallt yn glustiau sgwarnog.

Fel jel
yn y gwallt yn fflat fel crempog.

Fel jel
yn y gwallt yn gynffon llwynog.

Fel jel
yn y gwallt yn gyllell finiog.

Na, does dim byd,
medd Jim Rhyd,
fel jel.

Cynffonnau

Mae 'nghynffon i yn gyrliog,
Rwy'n hoff o gaeau lleidiog,
Rwyf yn odli gyda 'cochyn',
Fy enw i yw m . . .

Rwyf innau'n chwipio 'nghynffon
Pan fydda i'n flin, anfodlon,
Rwy'n llarpiwr llygod o bob math,
Fy enw i yw c . . .

Rwyf i yn codi 'nghynffon
A chwythu'n groch, fygythion,
Wrth weld lliw coch, rwy'n rhuo'n arw,
Fy enw i yw t . . .

Mae gen i bwt o gynffon,
Rwy'n nofio'r llyn a'r afon,
Rwy'n hoff o dwtio plu fy aden,
Fy enw i yw h . . .

Rwyf innau'n siglo 'nghynffon
Pan fydda i'n glên a thirion,
Rwy'n codi 'nghoes i wneud pi-pi,
Fy enw i yw c . . .

Rwy'n hongian wrth fy nghynffon
Gan siglo rhwng boncyffion,
Hoff o fananas yw fy llwnc i,
Fy enw i yw m . . .

Dwyf innau'n ddim ond cynffon,
Rwy'n llyfn fel darn o wymon,
Rwy'n sleifio dan y llwyn fel lleidr,
Fy enw i yw n . . .

8

Rwy'n sefyll ar fy nghynffon
Wrth hopian dros y polion,
Rwy'n dod o Awstralia ar fy llw,
Fy enw i yw c . . .

Un galed yw fy nghynffon
Fel coeden yn yr afon,
Llond ceg o ddannedd yw fy steil,
Fy enw i yw c . . .

Mae gennyf i ddwy gynffon –
Mae hynny'n fwy na digon,
Mae un yn drwyn – gall godi plant,
Fy enw i yw e . . .

Ond rydan ni heb gynffon,
Edrychai braidd yn wirion,
Dim cynffon fach na chynffon nobl
Oherwydd rydan ni yn b . . .

Y gyfrinach

Mae gen i a fy mam gyfrinach,
dim ond fy mam a mi,
a fedra i ddim dweud dim mwy
am y gyfrinach rhyngom ni.

Addewais na ddwedwn i byth
fy nghyfrinach i a Mam.
Pan holwch heb gael ateb:
dyna 'chi'r rheswm pam.

Ei sibrwd hi wnaethom yn dawel
un nos yn ein cegin ni
a dyna sut na chlywodd neb
gyfrinach fy mam a mi.

Bydd Mam weithiau'n edrych i'm llygaid
a rhoi rhyw winc arnaf i,
a byddaf innau gyda gwên
yn cofio'n cyfrinach ni.

Mam ar y sleid ddŵr

Pan oedd hi'n sôn am gael gwyliau haf,
Roedd Mam yn dweud mai'r hyn fyddai'n braf
Fyddai eistedd yn yr haul
A gwneud dim byd
O hyd ac o hyd.

Dim ond cadair esmwyth a diod iâ
A chael llond y lle o blant bach da
A thawelwch hyfryd
A gwneud dim byd
O hyd ac o hyd.

Ond hi oedd yr un a roddodd sgrech
Wrth weld y sleid ddŵr, nid ei merch (sy'n chwech),
A dod i lawr gyda sblash
Fel un o'i cho',
Dro ar ôl tro . . .

Yr haul a'i sbectol

Codi heb ei sbectol
wnaeth yr haul un tro:
llwyd oedd lliw y diwrnod,
niwlog oedd y fro.

Drannoeth, cofio'i gwisgo:
dyna newid byd!
sglein ar bopeth heddiw,
mae'r wlad yn glir i gyd.

Dewin y Tywydd

Mae rhai yn credu
mai merch y teledu
gyda'i map a'i minlliw sy'n penderfynu
ai haul neu gymylau fydd hi fory:
Rwdl-mi-ro, wrth gwrs!

Gyda mellt yn ei boced
a'r storm ar gerdded,
dim ond un sy'n dal y glaw yn ei law
ac awyr gynnes i fyny'i lawes:
Dewin y Tywydd!

Mae'r sêr yn danbaid
yn ei wisg a'i lygaid
ac mae'n ysgwyd y byd gyda fflach ei ffon hud;
mae'n wylo llifogydd, rhoi eira ar fynydd:
Dewin y Tywydd!

Yn sydyn: CHWA!
ac mae'n dywydd da.
Mae'n troi cwmwl cas yn awyr las
a bydd gwên fach glir ar wyneb hir
Dewin y Tywydd.

Amser dod i'r tŷ!

"Blantos, blantos!
Lle'r andros, lle'r andros
ydych chi, blantos?"

Mae hi'n galw'n y coed, mae hi'n galw'n y cwm;
Chwibanu yn ysgafn, yn rhuo yn drwm;
Mae'n swnian fel cloc, mae'n tincian fel cloch;
Mae'n sgrechian yn gryg ac yn gweiddi yn groch;
Mae'n galw'n y goedwig, mae'n galw'n y ddôl;
Mae'n galw heb glywed un ateb yn ôl.

"Blantos, blantos!
Lle'r andros, lle'r andros
ydych chi, blantos?"

Does dim llofft i'w thacluso, dim bag ysgol i'w hel;
Dim jig-sô i'w ddatod a'i storio yn ddel;
Dim teganau i'w casglu a'u cadw'n y cwt;
Dim angen cael trefn ar y tŷ bach twt;
Dim sgidiau na thrênyrs i'w rhoi yn eu lle;
Dim llestri i'w golchi ar ôl cael eich te;
Does dim byd yn galw ond plât o gig moch
A bîns a chips a photel sôs coch...

"Helô'r hen blantos!
Lle'r andros, lle'r andros
y buoch chi, blantos?"

Byth bythoedd

Byth bythoedd
yn mynd i wneud hyn eto,
byth, byth bythoedd.

Geiriau'n taro,
bochau'n fflamio,
methu teimlo dim
ond llygaid yn brifo.

Byth bythoedd
yn mynd i wneud hyn eto.
Byth,
byth,
byth bythoedd.

Hogyn tractor

Nid yw'n mynd at y deintydd,
Nid yw'n mynd at y doctor,
Nid yw'n mynd i unlle
Heb fynd gyda thractor.

O flaen y tân
Yng nghorwyntoedd Chwefror
Neu yng ngardd yr haf:
Mae'n gyrru tractor.

Mae ganddo un gwyrdd
Gyda'i ddrysau'n agor,
Un gwyn gyda llwythwr
A ddaeth o wlad dramor,
Un coch gyda sgŵp
Sy'n dipyn o drysor,
Un mawr eisiau'i drwsio
Ac un bach yn y sgubor.

A phan ddaw'n ben-blwydd
Unwaith yn rhagor
A'i holi "Pa anrheg?"
Yr ateb yw "TRACTOR!"

16

Plentyn y lliwiau

Du yw'r olew sy'n staen ar fy jîns.
Oren yw'r crys ar ôl gwledd o fêcd bîns.

Brown yw'r mwd ar fy sgidiau gorau.
Coch yw'r gwaed ddaw'n ffrwd o fy ffroenau.

Glas yw'r tatŵ ar draws fy nhalcen.
Gwyn yw'r blawd sy'n dew ar bob sbeicen.

Melyn yw'r wy sy'n marcio 'ngholeri.
Gwyrdd yw'r glaswellt sy'n llenwi 'mhocedi.

Rwy'n hoff iawn o liwiau, a dyna ni –
Plentyn yr enfys ydw i.

Enfys

Cymylau duon –
ond yn fuan wedyn
bydd lliwiau'n plygu
o'r haul mawr melyn.

Edrych

Pysgod aur mewn afon arian;
Barcud coch uwchben yn hofran;
Titw glas o flaen y tŷ
A chi bach gwyn â smotyn du.

Lle mae pawb?

Ar y fferm
caeau'r gaeaf
yn disgwyl am damaid.

       Ar y buarth
       tractor stond
       a'r injan yn dal i droi.

Ar drothwy'r tŷ
slipars gwag
a drws led y pen.

       Ar waelod y grisiau
       bagiau llawn,
       cotiau llipa.

Ar stôf y gegin
wyau'n berwi,
tecell yn canu.

Ar y bwrdd
llwyau mewn uwd,
tôst yn oeri.

Radio'n dal i swnian,
papur newydd agored,
ffôn yn canu, canu.

Ar yr un pryd,
ar draws y buarth:
llygaid pob un

ar wellt y stabal,
ar oen cynta'r gaeaf,
ar wên gynta'r gwanwyn.

Misoedd yr ardd

Ionawr, dalen newydd yn yr ardd:
papur glân
fel eira hardd.

Chwefror, lili fach yn codi'i phen:
sbotyn o liw
dan lwyd y pren.

Mawrth, cenhinen felen Dewi Sant:
fel chwythu corn,
fel chwerthin plant.

Ebrill, cwmwl blodau'r berllan ddaw
rhwng awyr las
a chawod law.

Mai, gwenoliaid gwibiog dan y coed
a dail eleni'r
glasaf erioed.

Mehefin, bowlen i bawb o blant y lle:
hel o'r llwyni
a mefus i de.

Gorffennaf, castell neidio llon bob lliw
a ffrindiau draw
i'r barbaciw.

Awst, pwll padlo, sleid a pheipen ddŵr:
pnawn bach tawel
o gadw stŵr.

Medi, bochau 'falau'n dangos sglein
a dillad ysgol
yn ôl ar y lein.

Hydref, dail yn felyn, oren, coch
a gwynt y gogledd
a'i gribyn croch.

Tachwedd: yn y machlud, brigau du
a robin goch
wrth ddrws y tŷ.

Rhagfyr, celyn coch a sain carolau,
moch coed, rhosmari
a ffenest olau.

Ydi'r babi'n siarad eto?

"Dwed dy enw, Babi!"
"Lle mae dy drwyn bach di?"
"Dwed 'diolch yn fawr,' y bychan!"
– Dyna a glywaf i.

"Dwed enw iawn 'Mw-mŵ, me-mê'!"
"Dangos 'drws' i ni."
"Sut mae gofyn am y deisen?"
– Dyna a glywaf i.

"Dwed 'Nain' – mae hynny'n plesio!"
"Dwed 'wow' wrth weld y ci."
"Dwed 'ta-ta' wrth iti adael."
– Dyna a glywaf i.

Ond *mae* o'n medru siarad:
Gwneud llygaid pell yn ôl,
Pwyntio bys a gwenu
Neu siglo ei ben-ôl;

Codi'i sgwyddau'n uchel
Neu edrych ar y llawr:
Heb un gair yn dod o'i ben –
Mae o'n siaradwr mawr.

Ogla od

Ogla garlleg ar Gareth,
Ogla gwymon ar Gwen,
Ogla sebon ar Siwsan,
Ogla bara ar Ben.

Ogla paent ar Peredur,
Ogla nionod ar Non,
Ogla tractor ar Trystan,
Ogla jam ar John.

Ogla mynydd ar Meirion,
Ogla llanast ar Llŷr,
Ogla breuddwyd ar Branwen,
Ogla fflamau ar Fflur.

Ogla od ar Obadeia,
Ogla cath ar y ci,
Ogla sanau ar Seimon,
Ond ogla da arnaf i!

Dyma'r tywydd heddiw

Gyda'r wawr
Eira mawr;
Bwrw glaw
Erbyn naw;
Taro deg –
Tywydd teg;
Amser cinio –
'Bryd torheulo;
Toc wedi dau –
Cymylau'n cau;
Mellt di-ri
Tua thri;
Taranau croch
Am bump o'r gloch;
Gwyntoedd llaith
Chwarter i saith
Ac wrth nosi:
Mae'n rhewi.

Pa un yw'r tymor gorau?

Gwanwyn, meddai Gwennol lasddu:
Tymor cyrraedd 'nôl i Gymru;
Gwanwyn ydi cân a chroeso,
Nyth fach lân o dan y bondo.

Haf, medd Asyn Bach y Tywod,
O, na fyddai hwnnw'n darfod!
Cario plantos am y gorau,
Golchi 'nhraed yn nŵr y tonnau.

Hydref, meddai Gwiwer sydyn,
Ffrwythau aeddfed ar bob brigyn,
Heulwen aur yn y perllannau,
Cnau ac eirin ac afalau.

Gaeaf, meddai Robin llwglyd,
Rhannu pethau gorau bywyd:
Dal fy mhen yn gam a thrydar
Cyn cael gwledd ar fwrdd yr adar.

Mistar Malu

Mistar Malu
Fu yma'n y tŷ.
Malio dim,
Rêl monstyr cry'.

Malu'r llun mwnci,
Malu tair mainc,
Malu'r poteli gwin
Melys o Ffrainc.

Malu'r pot menyn,
Malu m'g Mam,
Malu jar marmalêd
Malu'r ddysgl jam.

Malu'r jwg mintys,
Malu'r brwsh mawr,
Malu y meicro
Yn ddarnau ar lawr.

Nid y fi ddaru!
Paid edrych mor ddu –
Yr hen Fistar Malu
Fu yma'n y tŷ.

Cyfri llythrennau

Un Uncorn.
Dau Deliffon mewn Dŵr.
Tri Treiffl yn creu Traffig Trwm.
Pedwar Pelican Porffor yn Parasiwtio yn y Parc.
Pum Plentyn yn Perffeithio'u Pop-pop yn y Parti Pen-blwydd.
Chwe Chwaer Chwareus yn Chwerthin nes Chwyddo wrth gnoi
Chwyn Chwerw.
Saith Sebra yn Saethu i'r Sêr mewn Sosban Saim
gan Sgrechian yn Swynol.
Wyth Wali Wirion mewn Welis yn hel Wyau i Wagen Wag
ar Waelod yr Wyddfa.
Naw Nain Normal yn Neidio'n Noeth i'r Nant
a Nofio i Nefyn ar gefn Neidr un Nadolig.
Deg Deinosor Dwl yn Dawnsio Disgo ar ben Dad
ac yn Darganfod Dominos yn ei Drôns Du Del.

Bore gwallt gwyllt

Daeth Tachwedd heibio neithiwr,
chwythodd drwy'r llofft drwy'r nos,
a heddiw mae'n amhosib
bod yn ferch fach dlos.

Y gwynt fu'n chwalu'r brigau,
rasio ar ôl y dail,
a wnaeth fy ngwallt yn flerach
na gwellt mewn tomen dail.

Cynffonnau cesig gwylltion
a nadroedd tew mewn nyth
sy'n gwlwm ar fy mhenglog,
heb ddim un blewyn syth.

Mae'r brwsh yn sgrechian drwyddo
a'r grib sy'n tagu'n sych,
ond adar mân y bore
sy'n meddwl 'fod o'n WRYCH!

Tonnau yn dy wallt

O ble daeth y tonnau sy'n dy wallt,
Ferch y môr,
Ferch y môr?
Y tonnau sy'n tynnu miwsig o'r allt,
Ferch y môr?

Y tonnau sy'n dawnsio'n y bore bach
Ferch y môr,
Ferch y môr?
Y tonnau sy'n chwerthin drwy'r galon iach,
Ferch y môr?

Y tonnau sy'n cyrraedd y tir gyda hwrdd
Ferch y môr,
Ferch y môr?
Y tonnau sy'n cyrraedd a mynd i ffwrdd,
Ferch y môr?

A'r tonnau sy'n tynnu'r dagrau hallt,
Ferch y môr,
Ferch y môr?
O ble daeth y tonnau sy'n dy wallt,
Ferch y môr?

Yr wylan druan

Mae'r wylan druan yn crio, crio
Am fôr, am fôr uwchben y dre,
Mae'n crio, crio am donnau a llongau:
Aderyn môr, ymhell o'i le.

Mae'r wylan druan yn crio, crio
Am dir, am dir uwchben y dŵr,
Mae'n crio, crio am gaeau a chreigiau:
Aderyn tir, mae hynny'n siŵr.

Y canwr gorau yn y byd

Yr aderyn duaf
ar y gangen uchaf
yw'r canwr gorau, meddai rhai;
"Hawdd canu'n gry,"
meddai'r deryn du:
"Mae'n naw y nos ac mae'n nos o Fai.

"Mae'n naw y nos
ar noson dlos
a llygaid y dydd i gyd ynghau;
fu lliwiau'r machlud
erioed mor hyfryd,
anodd i minnau gadw 'mhig ar gau.

"Mae'n nos o Fai
ac anodd gweld bai,
mae'r llwyni'n llawen ac mae hi'n hen bryd;
o'r gangen uchel,
mae'r haf ar y gorwel:
mae'n hawdd bod yn ganwr gorau'r byd."

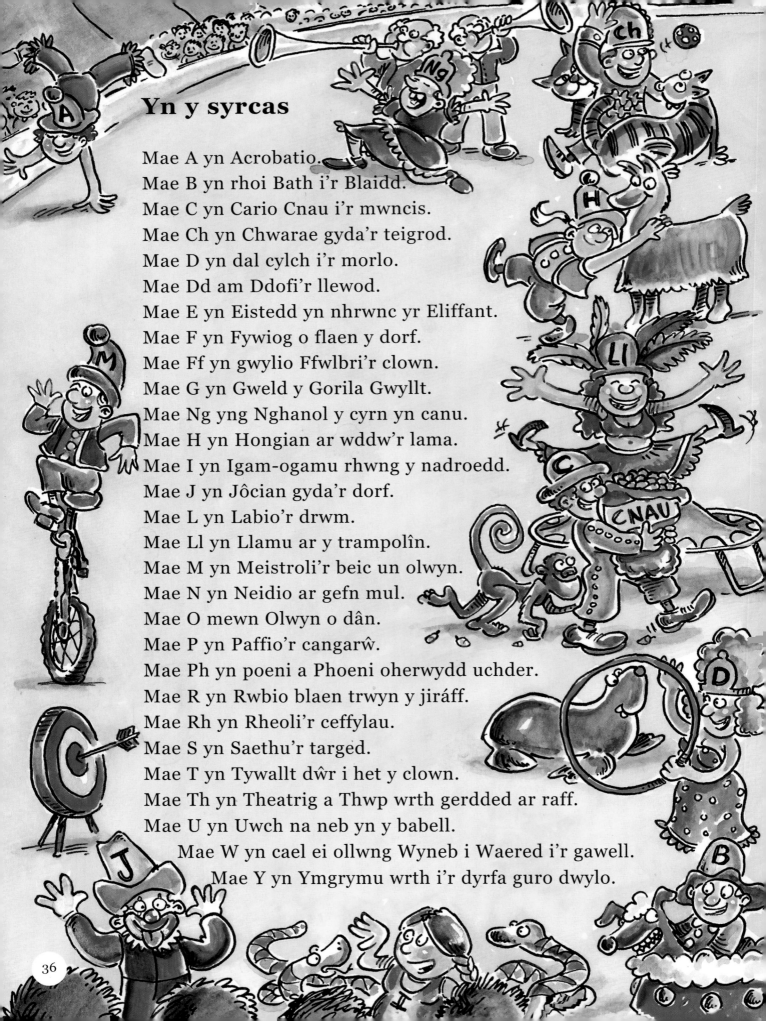

Yn y syrcas

Mae A yn Acrobatio.
Mae B yn rhoi Bath i'r Blaidd.
Mae C yn Cario Cnau i'r mwncis.
Mae Ch yn Chwarae gyda'r teigrod.
Mae D yn dal cylch i'r morlo.
Mae Dd am Ddofi'r llewod.
Mae E yn Eistedd yn nhrwnc yr Eliffant.
Mae F yn Fywiog o flaen y dorf.
Mae Ff yn gwylio Ffwlbri'r clown.
Mae G yn Gweld y Gorila Gwyllt.
Mae Ng yng Nghanol y cyrn yn canu.
Mae H yn Hongian ar wddw'r lama.
Mae I yn Igam-ogamu rhwng y nadroedd.
Mae J yn Jôcian gyda'r dorf.
Mae L yn Labio'r drwm.
Mae Ll yn Llamu ar y trampolîn.
Mae M yn Meistroli'r beic un olwyn.
Mae N yn Neidio ar gefn mul.
Mae O mewn Olwyn o dân.
Mae P yn Paffio'r cangarŵ.
Mae Ph yn poeni a Phoeni oherwydd uchder.
Mae R yn Rwbio blaen trwyn y jiráff.
Mae Rh yn Rheoli'r ceffylau.
Mae S yn Saethu'r targed.
Mae T yn Tywallt dŵr i het y clown.
Mae Th yn Theatrig a Thwp wrth gerdded ar raff.
Mae U yn Uwch na neb yn y babell.
    Mae W yn cael ei ollwng Wyneb i Waered i'r gawell.
    Mae Y yn Ymgrymu wrth i'r dyrfa guro dwylo.

Lle'r wyt ti'n mynd, y bwgan brain?

Lle'r wyt ti'n mynd a'th gôt yn flêr,
Yn ddu fel nos ac yn llawn o sêr?

Lle'r wyt ti'n mynd, a gwallt dy ben
Yn codi drwy gorun dy het fawr wen?

Lle'r wyt ti'n mynd a phren dy ben-glin
Yn hercian drwy'r blodau at y llwybr blin?

"Rwy'n mynd i glywed y clychau glas;
Rwy'n mynd at yr ŵyn i gynnig ras;
Rwy'n mynd i'r goedwig sy'n llawn o gân;
Rwy'n mynd am ei bod hi'n Ebrill glân,
Yn mynd at fy nghariad am fod caru'n hawdd
Wrth gerdded ochr briallu'r clawdd."

Mai

Fel adar yn canu ar ôl glaw,
felly y daw;
Fel blodyn yn dangos ei wyneb cudd,
y daw ei ddydd;

Fel haul y bore yn codi'i wres,
y daw yn nes;
fel nos yn cilio, fel cymylau'n chwalu,
y cwyd o'i wely.

Fel dawnsio a chwerthin a miwsig mwyn,
y daw i'r llwyn;
Fel mystyn o'r drôr ddillad yr haf,
daw ei deimlad braf.

Fel pawen cath yng ngerddi'r tai,
un felly yw Mai;
Fel adar yn canu ar ôl y glaw,
felly y daw.

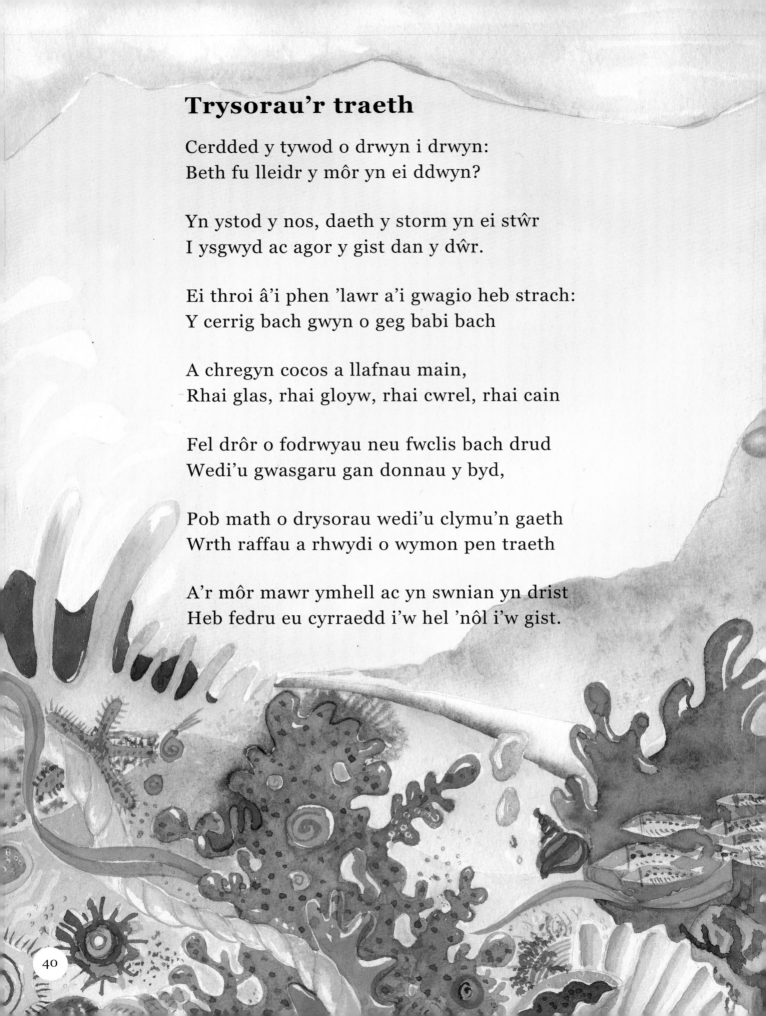

Trysorau'r traeth

Cerdded y tywod o drwyn i drwyn:
Beth fu lleidr y môr yn ei ddwyn?

Yn ystod y nos, daeth y storm yn ei stŵr
I ysgwyd ac agor y gist dan y dŵr.

Ei throi â'i phen 'lawr a'i gwagio heb strach:
Y cerrig bach gwyn o geg babi bach

A chregyn cocos a llafnau main,
Rhai glas, rhai gloyw, rhai cwrel, rhai cain

Fel drôr o fodrwyau neu fwclis bach drud
Wedi'u gwasgaru gan donnau y byd,

Pob math o drysorau wedi'u clymu'n gaeth
Wrth raffau a rhwydi o wymon pen traeth

A'r môr mawr ymhell ac yn swnian yn drist
Heb fedru eu cyrraedd i'w hel 'nôl i'w gist.

Dirgelwch du

Beth yw'r twll
yn y graig ger y lli?
Ogof môr-ladron
a welaf i.

Sblish-Sblish-Sblash!

Ar lan y môr mae Nain a Taid
Ac nid oes neb yn gweiddi "Paid!"
Mae Taid yn tynnu ei sandalau
A gwlychu'i drowsus yn y tonnau.

Pam fod coesau hir gan froga?

Roedd broga
Hoff o ioga
Yn eistedd wrth y llyn,
Ei goesau
Am ei glustiau
Wedi'u clymu'n dynn.

Bu'n gwylio
Pry'n mynd heibio;
Fflachiodd ei dafod hir,
Yna siarad
Â'i adlewyrchiad
Am fod y dŵr mor glir.

"Mae ioga,"
Meddai'r broga,
"Yn arfer da bob dydd.
Mae'r cymalau
I gyd yn glymau,
Ond mae'r tafod eto'n rhydd."

Ond daeth cwmwl
Dros ei feddwl
Ymhen rhyw hanner awr:
Roedd yn methu
Datgymalu
A thynnu'i draed i lawr.

Daeth ei ffrindiau
I dynnu'i goesau...
Tynnu a thynnu, go wir.
Hoff o ioga
Oedd y broga
Ac mae'i goesau'n awr yn hiiiiiiiiiiiir.

Wrth ddringo i ben y mynydd mawr

Wrth ddringo i ben y mynydd mawr
Rwy'n siŵr o ddisgyn, chwap, ar lawr;
Rhwygo trowsus yn yr eithin;
Crafu'r graig a thorri gewin;
Llithro ar y llwybrau lleidiog;
Dros fy sgidiau yn y fawnog;
Colli 'ngwynt ar lethrau serth;
Pennaugliniau heb ddim nerth;
Chwys fel pys wrth fynd ynghynt
Ac yna crynu yn y gwynt.

Ond o ben y mynydd mawr
Gweld o'r machlud hyd y wawr;
Gweld ffyrdd yn fân, a'r ceir bach hefyd –
Mor ara' deg y maen nhw'n symud!
Gweld y wlad yn fwy na'r dref;
Gweld glas y tir a glas y nef;
Gweld tractorau wrth eu gwaith;
Gweld pen draw a dechrau'r daith.

Digon gwir fod llwybrau'r fawnog
A gwthio rhwng yr eithin pigog
Yn destun tuchan – mor bell, mor bell
Yw'r copa acw; ond rwy'n teimlo'n well
Ar ôl bod a threulio awr
I fyny ar ben y mynydd mawr.

Ble buost ti neithiwr?

"Ble buost ti neithiwr, dylwythen fach deg?"
"Yn chwilio am ddannedd, ond cau di dy geg."

"Beth wnei di â dannedd, dylwythen fach deg?"
"Eu plannu'n y berllan, ond cau di dy geg."

"Beth wnei di â pherllan, dylwythen fach deg?"
"Wel, tyfu afalau, ond cau di dy geg."

"Beth wnei di â 'falau, dylwythen fach deg?"
"Eu rhoi yn y fasged, ond cau di dy geg."

"Beth wnei di â'r fasged, dylwythen fach deg?"
"Ei chadw at y gaeaf, ond cau di dy geg."

"Beth wnei di'n y gaeaf, dylwythen fach deg?"
"Rhoi 'nannedd mewn 'falau, ond cau di dy geg."

"Beth wnei di â dannedd, dylwythen fach deg?"
"Eu hel yn y nos, felly agor dy geg!"

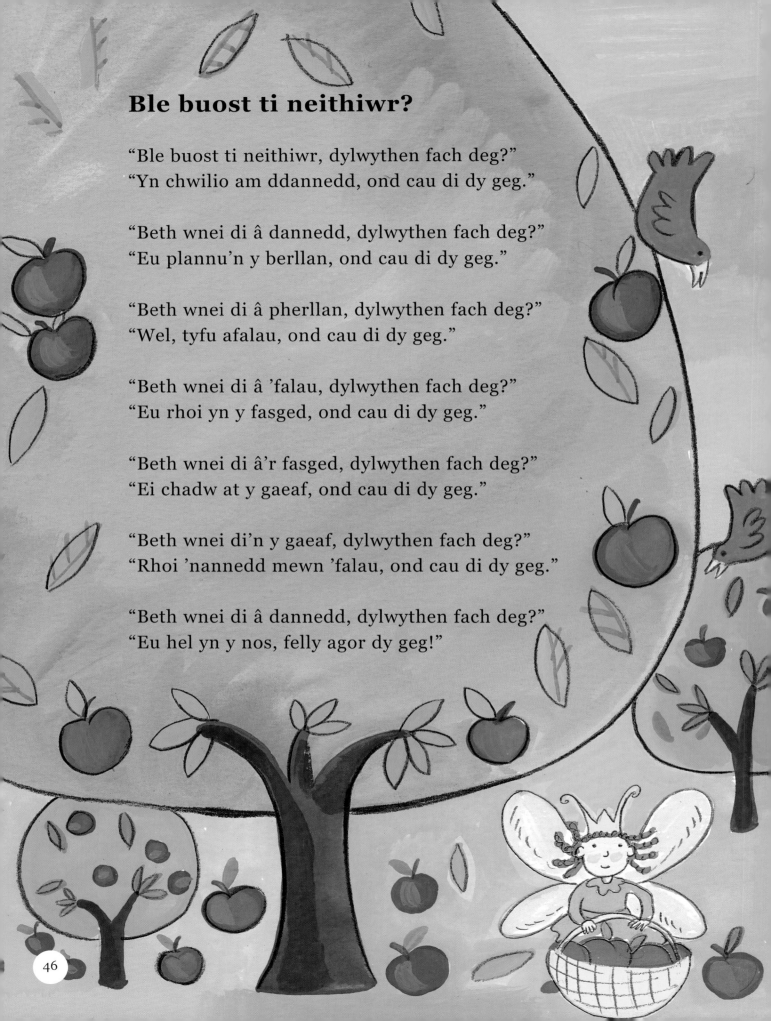

Dant rhydd

Ffidlan, tafodi,
bron â'i orfodi,
bys a bodio,
pen yn nodio,
siglo, chwara.
troi yn ara,
crensian tostyn,
clymu wrth bostyn,
gwasgu, tynnu,
gwthio i fyny,
symud, ailosod,
afalymosod!
Plygu, plycio . . .
ond dim yn tycio.

Eto, wrth wneud dim
ond agor fy ngheg,
mi gefais anrheg
i'r tylwyth teg.

Pwy sydd wedi torri'r cyrls i gyd?

Roedd ein babi'n fodlon
ar ei gyrls mawr cochion,
cyrls mawr cochion dela'r byd.
Roedd Mam yn hoffi
eu chwythu a'u cosi . . .
Pwy sydd wedi torri'r cyrls i gyd?

Roedd Modryb Gwen
yn rhoi sws ar ei ben,
cyrls mawr cochion dela'r byd;
a'r brawd mawr, Rhys,
yn eu troi am ei fys . . .
Pwy sydd wedi torri'r cyrls i gyd?

Roedd Dad yn chwerthin
wrth ei drin fel brenin,
cyrls mawr cochion dela'r byd.
Ar ôl ei shampŵio,
roedd fel cynffon cadno...
Pwy sydd wedi torri'r cyrls i gyd?

Mae'r cyrls yn awr
yn domen ar lawr,
cyrls mawr cochion dela'r byd;
a does neb yn cosi
pen moel y babi . . .
Pwy sydd wedi torri'r cyrls i gyd?

Ac ni fydd ganddo,
medd Mam, fyth eto
gyrls mawr cochion dela'r byd.
Bydd gwallt babi ni
yn fflat – fel f'un i . . .
Pwy sydd wedi torri'r cyrls i gyd?

Dy enw di

Nid oes tywyllwch yn y nos
ond galw dy enw di,
ac nid yw'r gaeaf byth yn oer
pan wyt ti'n fy ymyl i.

Nid oes syched dan yr haul
ond galw dy enw di,
ac nid yw'r mellt yn codi ofn
pan wyt ti'n fy ymyl i.

Nid oes blino yn y byd
ond galw dy enw di,
ac nid yw'r freuddwyd byth yn gas
pan wyt ti'n fy ymyl i.

Ac nid oes wahaniaeth pa mor wan
rwy'n galw dy enw di,
nid wyt ti fyth ymhell i ffwrdd
o fod wrth fy ymyl i.

Cwmni

Weithiau bob yn ddau
ac rwy'n mwynhau
cael bod yn fi a chdi;
ond weithiau rwy'n un
yn mwynhau fy hun
drwy fod yn neb ond fi.

Cysur

Pan wyf i ar fai,
pan wyf i'n cael cam,
does dim un lle yn gwneud y tro
ond cesail Mam.

Gwych, gwych; Ych-a-pych!

Mae Mam yn dweud, "Mae'r rhain yn wych, gwych,
Bara hadau, llysiau'r gerddi,
Wy pen domen wedi'i ferwi."
Ond mae Babi'n dweud, "Ych-a-pych!"

Mae Mam yn dweud, "Mae'r rhain yn wych, gwych,
Melon gyda'i sudd yn tasgu,
Oren cyfan wedi'i wasgu."
Ond mae Babi'n dweud, "Ych-a-pych!"

Mae Mam yn dweud, "Mae'r rhain yn wych, gwych,
Grefi cartref, cinio Sul,
Moron wedi'u torri'n gul."
Ond mae Babi'n dweud, "Ych-a-pych!"

Mae Mam yn dweud, "Mae'r rhain yn wych, gwych,
Tatws stwnsh yn grwn fel pêl,
Diod lemon gyda mêl."
Ond mae Babi'n dweud, "Ych-a-pych!"

Mae Mam yn canmol, "Gwych, gwych, gwych."
Mae Babi'n taeru, "Ych-a-pych!"
Mae Mam yn llenwi llwy y bychan,
Mae Babi'n poeri popeth allan!

Pasta, wastad

Pasta, pasta; wastad, wastad.
Rhowch imi basta sôs tomato,
Rhowch imi basta a rhywbeth ato;
Rhowch imi basta a chig a sbeis,
Rhowch imi basta a phwdin reis!
Rhowch imi gaws reit drosto i gyd
Ond rhowch imi basta bob un pryd.
Pasta, pasta; wastad, wastad.

Pam, Siôn Corn?

Pam nad wyt ti'n gweithio'n
y gwanwyn, hydref, haf?
Pam wyt ti'n gwisgo coch
er bod piws a phinc mor braf?

Pam wyt ti'n dod drwy'r simnai
er bod drws yn ein cartref ni?
Pam wyt ti'n cadw'r ceirw
a beic eira'n gymaint o sbri?

Pam wyt ti'n byw yn y Gogledd
ac nid ym Mhegwn y De?
Pam wyt ti'n rhannu'r anrhegion
heb ddisgwyl dim yn eu lle?

Cwestiwn Carwyn

"Pam wyt ti'n ei galw hi'n Pam?"

"Dyna'r enw gan ei thad a'i mam."

"Pam mai 'Pam' ddewisodd ei thad a'i mam?
Oedd hi o hyd yn gofyn 'Pam'?"

Ateb Owain

"Paid â phigo dy drwyn o flaen Nain
a'i fwyta fo, wnei di?"

"Ti ydi'r bai, Mam –
ddim yn rhoi digon o fwyd imi."

Cwestiwn Llywarch

"Wel wir, am ddwylo budron!
Y sinc 'na ar dy union!
Paid cyffwrdd dim, 'na hogyn da..."

"A ga' i gyffwrdd sebon?"

Ateb Lleucu

"Mi fyddwch cyn hir, mi glywais i
yn cael babi newydd yn tŷ chi?"

"Byddwn, Dolig."

"Dyna siwpyr! Brawd neu chwaer bach
wyt ti eisiau?"

"Sgwtyr."

Lleucu eto

"Beth wyt ti eisiau gyda'r pwdin?
Cwstard, iogyrt neu hufen iâ?"

"Dim byd."

"Dim byd o gwbwl?"

"Mond powlen a llwy os gwelwch
chi'n dda."

Hwiangerddi newydd

Gee Geffyl Bach yn cario'r Jac Do
A ddaeth i lawr o ben y to,
Aeth Gee Geffyl Bach dros y gamfa wen:
Syrthiodd Jac Do a thorri'i goes bren.

A welsoch chi rioed fy meiro?
Wel do, rhwng clustiau morlo;
Rhoddodd ddwy sws ar gerdyn pen-blwydd
Ond ni wnaeth fyth ei bostio.

Heno heno hen blant bach,
Bwci bo yn dod â'i sach;
Cysgu cysgu'n dawel bach
Neu bydd llond y sach o hen blant bach.

SSsssss*

Stwffiodd Siwsan sbeis a sôs
i deisen Samson yn y nos;
tisian cras oedd hanes hwnnw –
sawl sŵn 'S' sy'n cadw twrw?

Beth ydw i?**

Mae'r gyntaf yn y **m**ynydd ond nid yn y bryn.
Mae'r ail yn **w**yrdd a hefyd yn wyn.
Mae'r drydedd yn he**n** ond nid yw mewn oed.
Mae'r bedwaredd yn cuddio yn rhywle'n y **c**oed.
Mae'r bumed yn hir ac yn perthyn i g**i**.
Mae rhai yn dweud 'mod i'n debyg i ti!
Beth ydw i?

ATEBION

**mwnci

*mae sawl 'S' yn y pennill
ond does dim un yn 'cadw twrw'

Golau yn y nos

Ga'i sbotyn golau
i fyny'r grisiau
wrth i'r tŷ dywyllu?
Ga'i lenni gwyn
sy'n cau yn dynn
i gadw'r nos o'r gwely?

Ar ddiwedd diwrnod arall

Dwi wedi cael hen ddigon
ar fochau glân a chrynion
a chroen hogan fach;
rhowch i mi ewinedd duon
a llygaid hirion, gwyrddion
a wyneb hen wrach!

Llwynog yn y nos

Fflach goch
yn y golau gwyn.
Y naid dros y clawdd
yn edrych yn hawdd.
"Welsoch chi hynna?" medden ninnau'n syn.

Ofn y nos?

Ofn y nos? Taw â'th siarad!
Mae hynny'n gelwydd golau leuad.
Ond . . .

59

Angylion

Dim ond rhai wedi'u gwneud o sêr
Sy'n cyffwrdd y nos fel canhwyllau gwêr,

Sy'n pefrio goleuni wrth ganu cân,
Sy'n troi tywyllwch yn fore glân,

Sy'n magu adenydd dan freuddwyd wen,
Sy'n dweud bod achos dros godi pen,

Sy'n dangos drwy'r oerni, yr haul ei hun,
Sy'n cynnig, drwy'r cwbwl, y côr cytûn.

Ôl traed yn yr eira

Yn yr eira,
ôl traed yn ddu
yn cyrraedd ataf
o ddrws y tŷ.

Cerdded yn bwyllog,
rhedeg yn ffri,
mae'r olion o hyd
yn fy nilyn i.

Marcio'r eira,
llinell drwy'r llun:
ni allaf ddianc
rhag fi fy hun.

Dillad newydd i Mistar Panda

Gwranda,
Mistar Panda,
Paid troi'n gas wrth glywed hyn;
Dim ond gofyn:
Beth am rywbeth
Heblaw y dillad du a gwyn?

Maen nhw'n ddiflas
Fel pyjamas:
Beth am sinsir, llwyd a phinc?
Be ti'n ama',
Mistar Panda?
Na fasat fyth yn cysgu winc?

Gwranda,
Mistar Panda,
Mae gwyn a du'n henffasiwn iawn.
Siwt fel pengwin!
Beth am felyn?
A sêr bach piws a lleuad lawn . . .?

Be ti'n ama',
Mistar Panda?
Dillad dewin ydyn nhw?
Jîns bach hufen
A chrys oren?
Be ti'n ama'? Cocatŵ?!

Gwranda,
Mistar Panda,
Rhaid i tithau symud 'mlaen;
Mae gan sebra
Res o streipia
Ond rwyt ti mewn dillad plaen...

Beth am het goch,
Gwasgod las,
Sgidiau gwyrdd a sanau brown?
Be ti'n ama',
Mistar Panda?
Bod hynny'n union fatha clown?

O! mae'n galed
Dewis dillad:
Siapiau, steils a lliwiau lu . . .
Gwranda,
Mistar Panda:
Beth am ddillad gwyn a du?

Nos da

Sws nos da i Panda,
Sws nos da i Pws,
Sws i Oen ac Arth a Mam a Dad
A phawb sydd angen sws.

Cewch gysgu'n llonydd, dawel,
Cau'r llygaid bach yn dynn;
Rwyf fi yn gwylio drosoch
Drwy'r nos hir ddu fan hyn.